Stilkes Rechtsbibliothek Nr. 138
Die Gesetze des Deutschen Reichs mit systematischen Erläuterungen

Einkommensteuergesetz 1938

Nachtrag

zum

Einkommensteuergesetz

von

Dr. F. Schillinger
Oberregierungsrat
am Oberfinanzpräsidium Pommern
in Stettin

K. Hasse †
Oberregierungsrat
Vorsteher des Finanzamts
Leipzig-Ost

Dr. H. Schick
Regierungsrat am Finanzamt Chemnitz-Land

1 9 3 8

Verlag von Georg Stilke in Berlin

Gedruckt bei Oswald Schmidt GmbH. in Leipzig

Vorbemerkung.

Das Einkommensteuergesetz vom 16. Oktober 1934 ist durch das Gesetz zur Änderung des Einkommensteuergesetzes vom 1. Februar 1938 (RGBl. I S. 99, RStBl. S. 97) geändert worden. Auf Grund des Artikels V des letztgenannten Gesetzes wurde das Einkommensteuergesetz in geänderter Fassung als **Einkommensteuergesetz (EStG. 1938)** vom 6. Febr. 1938 (RGBl. I S. 121, RStBl. S. 113) neu bekanntgemacht.

Der hauptsächlichste Zweck dieses Nachtrages ist, den Benützern des Kommentars den nunmehr geltenden Wortlaut der gesetzlichen Bestimmungen an die Hand zu geben, und zwar so, daß ein lästiges (vergleichendes) Nachschlagen erspart wird. Daher sind sämtliche textlich geänderten Gesetzesbestimmungen auf den folgenden Blättern einseitig abgedruckt, damit sie auf die betreffenden Seiten des Kommentars derart aufgeklebt werden können, daß ein Vergleich des bisherigen und des jetzigen Gesetzeswortlautes bequem möglich ist. Aus diesem Vergleich ergibt sich auch, ob der Inhalt der Erläuterungen durch die einzelne Gesetzesänderung betroffen wird oder nicht.

Grundlegende Änderungen des bisherigen Einkommensteuerrechts sind nur in geringem Umfang vorgenommen worden. Sie betreffen vor allem die grundsätzliche Aufhebung der Bewertungsfreiheit für kurzlebige Wirtschaftsgüter (Hinweis auf § 51 Abs. 2 des Gesetzes), die Einführung des Verlustvortrages (§ 10 Abs. 1 Ziff. 6 in Verb. mit § 51 Abs. 1 des Gesetzes), Versagung der Kinderermäßigung für jüdische Kinder und Milderung der Besteuerung der älteren Ledigen. Bei der Anwendung des § 51 Abs. 2 EStG. 1938 ist jedoch zu beachten, daß die Bewertungsfreiheit für kurzlebige Wirtschaftsgüter durch Abschnitt B VIII 6 der unten erwähnten Veranlagungsrichtlinien im Billigkeitswege für einen beschränkten Kreis von Gegenständen wieder hergestellt ist.

Von einem Abdruck der neuen Einkommensteuertabelle wurde abgesehen, weil die wenigen Änderungen nur einen kleinen Kreis von Steuerpflichtigen (mit Jahreseinkommen von mehr als 100 500—135 500 RM.) betreffen. In der neuen Lohnsteuertabelle wurde lediglich die Lohnstufe Nr. 1 (bisher „mehr als 80,08—91 RM." Monatslohn) geändert in „mehr als 84,50—91 RM."

Im Zuge der Gesetzesänderung wurde die bisherige Erste Durchführungsverordnung vom 6. Februar 1935 durch die **Zweite Verordnung zur Durchführung des Einkommensteuergesetzes (Zweite EStDVO.)** vom 6. Februar 1938 (RGBl. I S. 143, RStBl. S. 129) ersetzt. Die sachlichen Änderungen gegenüber der bisherigen, im Kommentar dargestellten Rechtslage sind jedoch so geringfügig, daß lediglich der Abdruck des § 27 der Zweiten EStDVO. (Berücksichtigung außergewöhnlicher Belastungen) praktisch geboten war.

Auch die bisherige Lohnsteuerdurchführungsverordnung vom 29. November 1934 ist durch die **Zweite Verordnung zur Durchführung des Steuerabzugs vom Arbeitslohn (Zweite LStDVO.)** vom 6. Februar 1938 (RGBl. I S. 149, RStBl. S. 137) ersetzt worden. Ein Abdruck dieser neuen Bestimmungen würde den Rahmen dieses Nachtrages sprengen und erscheint für die praktische Benutzbarkeit des Kommentars auch deshalb nicht unerläßlich, weil die wesentlichsten Änderungen des Lohnsteuerrechts sich aus den Änderungen des Einkommensteuergesetzes ergeben.

Schließlich sind die Benützer des Kommentars auf die wichtigen **Richtlinien** für die Veranlagung zur Einkommensteuer und Körperschaftsteuer für 1937 (VR. für 1937) vom 15. Februar 1938 (abgedruckt im RStBl. 1938 S. 193 ff.) und auf die **Richtlinien** für den Steuerabzug vom Arbeitslohn (Lohnsteuerrichtlinien) vom 30. Januar 1937 (RStBl. 1937 S. 281 ff.) mit den Berichtigungen vom 10. Februar 1938 (RStBl. 1938 S. 163 ff.) hinzuweisen. Ein Abdruck derselben ist schon wegen ihres erheblichen Umfanges im Rahmen eines Nachtrages nicht möglich. Obwohl der größere Teil dieser zusammengefaßten Verwaltungsanordnungen in den Erläuterungen des Kommentars bereits enthalten ist, ist die Heranziehung dieser Richtlinien in ihrer neuesten Fassung bei der Beantwortung von Zweifelsfragen geboten.

Mit diesem Nachtrag dürfte die praktische Verwendbarkeit des Kommentars auch für die neueste Rechtslage wieder hergestellt sein.

Stettin/Chemnitz, im März 1938.

Dr. Schillinger
Dr. Schick

Zu Seite 89/90 des Kommentars:

II. Einkommen

1. Einkunftsarten, Einkünfte, Einkommen

§ 2

(1) Die Einkommensteuer bemißt sich nach dem Einkommen, das der Steuerpflichtige innerhalb eines Kalenderjahrs bezogen hat.

(2) Einkommen ist der Gesamtbetrag der Einkünfte aus den im Absatz 3 bezeichneten Einkunftsarten nach Ausgleich mit Verlusten, die sich aus einzelnen Einkunftsarten ergeben, und nach Abzug der Sonderausgaben (§ 10).

(3) Der Einkommensteuer unterliegen nur:

1. Einkünfte aus Land- und Forstwirtschaft,
2. Einkünfte aus Gewerbebetrieb,
3. Einkünfte aus selbständiger Arbeit,
4. Einkünfte aus nichtselbständiger Arbeit,
5. Einkünfte aus Kapitalvermögen,
6. Einkünfte aus Vermietung und Verpachtung,
7. sonstige Einkünfte im Sinn des § 22.

Zu welcher Einkunftsart die Einkünfte im einzelnen Fall gehören, bestimmt sich nach den §§ 13 bis 24, in Zweifelsfällen nach der Verkehrsauffassung.

(4) Einkünfte im Sinn des Absatzes 3 sind:

1. bei Land- und Forstwirtschaft, Gewerbebetrieb und selbständiger Arbeit der Gewinn (§§ 4 bis 7);
2. bei den anderen Einkunftsarten der Überschuß der Einnahmen über die Werbungskosten (§§ 8 und 9).

(5) Bei Land- und Forstwirten und bei Gewerbetreibenden, deren Firma im Handelsregister eingetragen ist und die Bücher nach den Vorschriften des Handelsgesetzbuchs ordnungsmäßig führen, gilt der Gewinn aus Land- und Forstwirtschaft oder aus Gewerbebetrieb als in dem Kalenderjahr bezogen, in dem das Wirtschaftsjahr endet. Als Wirtschaftsjahr gilt:

1. bei Land- und Forstwirten, gleichviel ob sie Bü-

cher führen oder nicht, der Zeitraum vom 1. Juli bis zum 30. Juni;

2. bei Gewerbetreibenden der Zeitraum, für den sie regelmäßig Abschlüsse machen.

Zu Seite 112/113:

2. Steuerfreie Einkünfte

§ 3

Steuerfrei sind:

1. a) Versorgungsgebührnisse nach den Vorschriften des Reichsversorgungsgesetzes, soweit es sich nicht um Gebührnisse handelt, die nur auf Grund der Dienstzeit gewährt werden;

   b) Verstümmelungszulagen;

   c) Zuschläge, die Witwen und Waisen von Berufsoffizieren und von Beamten der alten Wehrmacht an Stelle der Kriegsversorgung erhalten;

   d) Zuschüsse an Stelle von Zulagen nach den Militärpensionsgesetzen, Militärversorgungsgesetzen und dem Kolonialbeamtengesetz oder an Stelle einer Versorgung nach dem Unfallfürsorgegesetz;

   e) Zivilversorgungsentschädigungen, die im Weg des Härteausgleichs ehemaligen Kapitulanten laufend gewährt werden;

   f) einmalige Übergangsbeihilfen, einmalige Umzugsentschädigungen und Zulagen zu den Übergangsgebührnissen nach dem Wehrmachtversorgungsgesetz;

2. bei allen Angehörigen der Wehrmacht, der SS-Verfügungstruppe, der uniformierten Vollzugspolizei des Reichs und der Gemeinden, der Motorsportschulen des NSKK. und bei allen Angehörigen des Reichsarbeitsdienstes (einschließlich des Arbeitsdienstes für die weibliche Jugend)

   a) der Wert der ihnen aus Dienstbeständen überlassenen Dienstkleidung, in der Kriegsmarine auch das Kleidergeld,

b) Einkleidungsbeihilfen und Abnutzungsentschädigungen für die Dienstkleidung, soweit sie den zum Tragen oder Bereithalten von Dienstkleidung Verpflichteten gewährt werden,

c) Verpflegungs- und Beköstigungszuschüsse,

d) der Geldwert der freien ärztlichen Behandlung, der freien Krankenhauspflege, des freien Gebrauchs von Kur- und Heilmitteln und der freien ärztlichen Behandlung erkrankter Ehefrauen und unterhaltsberechtigter Kinder,

e) das Diensteinkommen von mobil verwendeten Angehörigen der Wehrmacht.

Angehörige der Wehrmacht sind die Soldaten und Wehrmachtbeamten;

3. die Bar- und Sachbezüge, die

a) Wehrpflichtige wegen Erfüllung der aktiven Dienstpflicht oder der Ableistung von Übungen (§§ 8, 20 des Wehrgesetzes) von der Wehrmacht erhalten,

b) Arbeitsdienstpflichtige wegen Erfüllung der Arbeitsdienstpflicht (§ 3 des Reichsarbeitsdienstgesetzes) vom Reichsarbeitsdienst erhalten,

c) Arbeitsmaiden und Kameradschaftsälteste im Arbeitsdienst für die weibliche Jugend erhalten;

4. Bezüge nach dem Besatzungspersonenschädengesetz;

5. Vorzugsrenten auf Grund des Gesetzes über die Ablösung öffentlicher Anleihen;

6. Ehrenzulagen, die mit Deutschen Kriegsorden und Ehrenzeichen verbunden sind, und Frontzulagen;

7. Bezüge aus einer Krankenversicherung und der reichsgesetzlichen Unfallversicherung sowie Sachleistungen aus den übrigen Zweigen der Reichsversicherung;

8. Entschädigungen wegen Entlassung aus einem Dienstverhältnis auf Grund des Gesetzes zur Ordnung der nationalen Arbeit;

9. Kapitalabfindungen auf Grund der Reichsversicherung, der Beamtenpensionsgesetze und der Militärversorgung;

10. die versicherungsmäßige Arbeitslosenunterstützung, die Krisenunterstützung und Kurzarbeiterunterstützung;

11. Bezüge aus öffentlichen Mitteln oder aus Mitteln einer öffentlichen Stiftung, die wegen Hilfsbedürftigkeit oder als Beihilfe für Zwecke der Erziehung oder Ausbildung, der Wissenschaft oder Kunst bewilligt werden;

12. Heiratsbeihilfen, die an Arbeitnehmerinnen beim Ausscheiden aus dem Dienstverhältnis gewährt werden, und Geburtsbeihilfen;

13. die aus öffentlichen Kassen gezahlten Aufwandsentschädigungen und Reisekosten. Dagegen sind Entschädigungen, die für Verdienstausfall und Zeitverlust gezahlt werden, steuerpflichtig;

14. bei Auslandsbeamten die Einkünfte, die in dem Staat der Besteuerung unterliegen, in dessen Gebiet die Auslandsbeamten ihren Dienstort haben. Dies gilt nicht für die inländischen Einkünfte des § 49.

Zu Seite 134:

3. Gewinn

§ 4

Gewinnbegriff im allgemeinen

(1) Gewinn ist der Unterschiedsbetrag zwischen dem Betriebsvermögen am Schluß des Wirtschaftsjahrs und dem Betriebsvermögen am Schluß des vorangegangenen Wirtschaftsjahrs, vermehrt um den Wert der Entnahmen und vermindert um den Wert der Einlagen. Entnahmen sind alle Wirtschaftsgüter (Barentnahmen, Waren, Erzeugnisse, Nutzungen und Leistungen), die der Steuerpflichtige dem Betrieb für sich, für seinen Haushalt oder für andere betriebsfremde Zwecke im Lauf des Wirtschaftsjahrs entnommen hat. Einlagen sind alle Wirtschaftsgüter (Bareinzahlungen und sonstige Wirtschaftsgüter), die der Steuerpflichtige dem Betrieb im Lauf des Wirtschaftsjahrs zugeführt hat. Bei der Ermittlung des Gewinns sind die Vor-

schriften über die Betriebsausgaben (Absatz 4) und über die Bewertung (§ 6) zu befolgen. Der Wert des Grund und Bodens, der zum Anlagevermögen gehört, bleibt außer Ansatz.

(2) Der Steuerpflichtige darf die Vermögensübersicht (Bilanz) auch nach ihrer Einreichung beim Finanzamt ändern, soweit sie den Grundsätzen ordnungsmäßiger Buchführung unter Befolgung der Vorschriften dieses Gesetzes nicht entspricht. Darüber hinaus ist eine Änderung der Vermögensübersicht (Bilanz) nur mit Zustimmung des Finanzamts, im Rechtsmittelverfahren mit Zustimmung der Rechtsmittelbehörde zulässig.

(3) Weicht das Betriebsvermögen am Schluß des einzelnen Wirtschaftsjahrs vom Betriebsvermögen am Schluß des vorangegangenen Wirtschaftsjahrs in der Regel nicht wesentlich ab, so kann als Gewinn der Überschuß der Betriebseinnahmen über die Betriebsausgaben angesetzt werden. Dabei können wirtschaftlich ins Gewicht fallende Schwankungen im Betriebsvermögen, die in einem Wirtschaftsjahr ausnahmsweise auftreten, durch Zuschläge oder Abschläge berücksichtigt werden.

(4) Betriebsausgaben sind die Aufwendungen, die durch den Betrieb veranlaßt sind.

Zu Seite 168:

§ 5

Gewinn bei Vollkaufleuten

Bei Gewerbetreibenden, deren Firma im Handelsregister eingetragen ist, ist für den Schluß des Wirtschaftsjahrs das Betriebsvermögen anzusetzen (§ 4 Absatz 1 Satz 1), das nach den Grundsätzen ordnungsmäßiger Buchführung auszuweisen ist. Die Vorschriften über die Entnahmen und die Einlagen (§ 4 Absatz 1), über die Zulässigkeit der Bilanzänderung (§ 4 Absatz 2), über die Betriebsausgaben (§ 4 Absatz 4) und über die Bewertung (§ 6) sind zu befolgen.

Zu Seite 206/207:

§ 6
Bewertung

Für die Bewertung der einzelnen Wirtschaftsgüter, die dem Betrieb dienen, gilt das folgende:

1. Wirtschaftsgüter des Anlagevermögens, die der Abnutzung unterliegen, sind mit den Anschaffungs- oder Herstellungskosten, vermindert um die Absetzungen für die Abnutzung nach § 7, anzusetzen. Ist der Teilwert niedriger, so kann dieser angesetzt werden. Teilwert ist der Betrag, den ein Erwerber des ganzen Betriebs im Rahmen des Gesamtkaufpreises für das einzelne Wirtschaftsgut ansetzen würde; dabei ist davon auszugehen, daß der Erwerber den Betrieb fortführt. Bei Wirtschaftsgütern des Anlagevermögens, deren betriebsgewöhnliche Nutzungsdauer erfahrungsgemäß fünf Jahre nicht übersteigt, dürfen buchführende Land- und Forstwirte sowie Gewerbetreibende und Angehörige der freien Berufe, die Bücher nach den Vorschriften des Handelsgesetzbuchs ordnungsmäßig führen, die Absetzungen für Abnutzung höher als nach § 7 und ohne Rücksicht auf den Teilwert bemessen. Bei Wirtschaftsgütern, die bereits am Schluß des vorangegangenen Wirtschaftsjahrs zum Anlagevermögen des Steuerpflichtigen gehört haben, darf der Bilanzansatz nicht über den letzten Bilanzansatz hinausgehen.

2. Andere als die in Ziffer 1 bezeichneten Wirtschaftsgüter des Betriebs (Grund und Boden, Beteiligungen, Geschäfts- oder Firmenwert, Umlaufsvermögen) sind mit den Anschaffungs- oder Herstellungskosten anzusetzen. Statt der Anschaffungs- oder Herstellungskosten kann der niedrigere Teilwert (Ziffer 1 Satz 3) angesetzt werden. Bei Wirtschaftsgütern, die bereits am Schluß des vorangegangenen Wirtschaftsjahrs zum Betriebsvermögen gehört haben, kann der Steuerpflichtige in den folgenden Wirtschaftsjahren den Teilwert auch dann ansetzen, wenn er höher ist als der letzte Bilanzansatz; es dürfen jedoch höchstens die Anschaffungs- oder Herstellungskosten angesetzt werden. Bei land- und forstwirtschaftlichen Betrieben ist auch der Ansatz

des höheren Teilwerts zulässig, wenn das den Grundsätzen ordnungsmäßiger Buchführung entspricht.

3. Verbindlichkeiten sind unter sinngemäßer Anwendung der Vorschriften der Ziffer 2 anzusetzen.
4. Entnahmen des Steuerpflichtigen für sich, für seinen Haushalt oder für andere betriebsfremde Zwecke sind mit dem Teilwert anzusetzen.
5. Einlagen sind mit dem Teilwert für den Zeitpunkt der Zuführung, höchstens jedoch mit den tatsächlichem Anschaffungs- oder Herstellungskosten anzusetzen.
6. Bei Eröffnung eines Betriebs oder entgeltlichem Erwerb eines Betriebs sind die Wirtschaftsgüter mit dem Teilwert, höchstens jedoch mit den tatsächlichen Anschaffungs- oder Herstellungskosten anzusetzen.

Zu Seite 302/303:

5. Sonderausgaben

§ 10

(1) Sonderausgaben, die vom Gesamtbetrag der Einkünfte abzuziehen sind, sind nur die folgenden:

1. ein Betrag von 50 Reichsmark für jede Hausgehilfin, und zwar für jeden vollen Kalendermonat, in dem sie zum Haushalt des Steuerpflichtigen gehört hat;
2. Schuldzinsen und auf besonderen Verpflichtungsgründen beruhende Renten und dauernde Lasten, die weder Betriebsausgaben oder Werbungskosten sind noch mit Einkünften in wirtschaftlichem Zusammenhang stehen, die bei der Veranlagung außer Betracht bleiben;
3. Steuern, die von öffentlich-rechtlichen Religionsgesellschaften erhoben werden (Kirchensteuern). Der Abzug darf zwei vom Hundert des Gesamtbetrags der Einkünfte (nach Ausgleich mit Verlusten) nicht übersteigen;
4. Beiträge und Versicherungsprämien des Steuerpflichtigen für sich, seine Ehefrau und seine Kinder, für die ihm Kinderermäßigung gewährt wird, zu Kranken-, Unfall-, Haftpflicht-, Angestellten-, Invaliden- und Erwerbslosenversicherungen, zu Versicherungen auf den Lebens- oder Todesfall und zu Witwen-, Waisen-,

Versorgungs- und Sterbekassen. Beiträge und Versicherungsprämien an solche Versicherungsunternehmen, die weder ihre Geschäftsleitung noch ihren Sitz im Inland haben, sind nur dann abzugsfähig, wenn diesen Unternehmen die Erlaubnis zum Geschäftsbetrieb im Inland erteilt ist;

5. Beiträge des Steuerpflichtigen für sich, seine Ehefrau und seine Kinder, für die ihm Kinderermäßigung gewährt wird, an Bausparkassen zur Erlangung von Baudarlehen. Die Vorschrift der Ziffer 4 Satz 2 gilt entsprechend;

6. bei buchführenden Land- und Forstwirten und bei Gewerbetreibenden, die Bücher nach den Vorschriften des Handelsgesetzbuchs führen, die in den beiden vorangegangenen Wirtschaftsjahren entstandenen Verluste aus Land- und Forstwirtschaft und aus Gewerbebetrieb, soweit sie nicht bei der Veranlagung für die vorangegangenen Kalenderjahre ausgeglichen oder abgezogen worden sind. Die Höhe des Verlustes ist nach den Vorschriften der §§ 4 bis 7 zu ermitteln.

(2) Die Abzüge für Sonderausgaben im Sinn des Absatzes 1 Ziffern 4 und 5 dürfen zusammen den Jahresbetrag von 500 Reichsmark nicht übersteigen. Dieser Betrag erhöht sich um

300 Reichsmark für die Ehefrau,
300 Reichsmark für das erste Kind,
400 Reichsmark für das zweite Kind,
600 Reichsmark für das dritte Kind,
800 Reichsmark für das vierte Kind,
je 1000 Reichsmark für das fünfte und jedes weitere Kind.

Soweit sich die Erhöhung nach der Kinderzahl bemißt, tritt sie nur ein, wenn dem Steuerpflichtigen Kinderermäßigung gewährt wird.

(3) Für die Sonderausgaben im Sinn des Absatzes 1 Ziffern 2 bis 5 ist bei der Veranlagung als Mindestbetrag ein Pauschbetrag von 200 Reichsmark abzusetzen.

(4) Hat die Steuerpflicht nicht während eines vollen Kalenderjahrs bestanden, so sind die Jahresbeträge nach

Absatz 2 und Absatz 3 entsprechend der Zahl der vollen Monate, in denen die Steuerpflicht bestanden hat, herabzusetzen und auf volle Reichsmark nach unten abzurunden.

Zu Seite 325:

7. Nichtabzugsfähige Ausgaben

§ 12

Unbeschadet der Vorschrift des § 10 dürfen weder bei den einzelnen Einkunftsarten noch vom Gesamtbetrag der Einkünfte abgezogen werden:

1. die für den Haushalt des Steuerpflichtigen und für den Unterhalt seiner Familienangehörigen aufgewendeten Beträge. Dazu gehören auch die Aufwendungen für die Lebensführung, die die wirtschaftliche oder gesellschaftliche Stellung des Steuerpflichtigen mit sich bringt, auch wenn sie zur Förderung des Berufs oder der Tätigkeit des Steuerpflichtigen erfolgen;
2. freiwillige Zuwendungen und Zuwendungen an gesetzlich unterhaltsberechtigte Personen, auch wenn diese Zuwendungen auf einer besonderen Vereinbarung beruhen;
3. die Steuern vom Einkommen und sonstige Personensteuern.

Zu Seite 334/335:

8. Die einzelnen Einkunftsarten

a) Land- und Forstwirtschaft (§ 2 Absatz 3 Ziffer 1)

§ 13

Einkünfte aus Land- und Forstwirtschaft

(1) Einkünfte aus Land- und Forstwirtschaft sind:

1. Einkünfte aus dem Betrieb von Landwirtschaft, Forstwirtschaft, Weinbau, Gartenbau, Obstbau, Gemüsebau, Baumschulen und aus allen Betrieben, die Pflanzen und Pflanzenteile mit Hilfe der Naturkräfte gewinnen;

2. Einkünfte aus Tierzucht, Viehmästereien, Abmelkställen, Geflügelfarmen und ähnlichen Betrieben, wenn zur Tierzucht oder Tierhaltung überwiegend Erzeugnisse verwendet werden, die im eigenen land- und forstwirtschaftlichen Betrieb gewonnen sind;
3. Einkünfte aus Binnenfischerei, Fischzucht und Teichwirtschaft;
4. Einkünfte aus Jagd, wenn diese mit dem Betrieb einer Landwirtschaft oder einer Forstwirtschaft in Zusammenhang steht.

(2) Zu den Einkünften im Sinn des Absatzes 1 gehören auch:

1. Einkünfte aus einem land- und forstwirtschaftlichen Nebenbetrieb. Als Nebenbetrieb gilt ein Betrieb, der dem land- und forstwirtschaftlichen Hauptbetrieb zu dienen bestimmt ist;
2. der Nutzungswert der Wohnung des Steuerpflichtigen, wenn die Wohnung die bei Betrieben gleicher Art übliche Größe nicht überschreitet.

(3) Einkünfte aus Land- und Forstwirtschaft werden in vollem Umfang zur Einkommensteuer herangezogen, wenn das Einkommen den Betrag von 8000 Reichsmark übersteigt. Wenn das Einkommen diesen Betrag nicht übersteigt, so werden die Einkünfte aus Land- und Forstwirtschaft zur Einkommensteuer nur herangezogen, soweit sie den Betrag von 3000 Reichsmark übersteigen. Verluste aus Land- und Forstwirtschaft dürfen bei Ermittlung des Einkommens nur ausgeglichen (§ 2 Absatz 2) oder vorgetragen (§ 10 Absatz 1 Ziffer 6) werden, wenn sie 1000 Reichsmark übersteigen.

Zu Seite 389/390:

c) Selbständige Arbeit (§ 2 Absatz 3 Ziffer 3)

§ 18

(1) Einkünfte aus selbständiger Arbeit sind:

1. Einkünfte aus freien Berufen. Zu den freien Berufen gehören insbesondere die wissenschaftliche, künstlerische, schriftstellerische, unterrichtende oder erziehe-

rische Tätigkeit, die Berufstätigkeit der Ärzte, Rechtsanwälte und Notare, der Ingenieure, der Architekten, der Handelschemiker, der Heilkundigen, der Dentisten, der Landmesser, der Wirtschaftsprüfer, der Steuerberater, der Buchsachverständigen und ähnlicher Berufe;

2. Einkünfte der Einnehmer einer staatlichen Lotterie, wenn sie nicht Einkünfte aus Gewerbebetrieb sind;
3. Einkünfte aus sonstiger selbständiger Arbeit, z. B. Vergütungen für die Vollstreckung von Testamenten, für Vermögensverwaltung und für die Tätigkeit als Aufsichtsratsmitglied.

(2) Einkünfte nach Absatz 1 sind auch dann steuerpflichtig, wenn es sich nur um eine vorübergehende Tätigkeit handelt.

(3) Zu den Einkünften aus selbständiger Arbeit gehören auch Gewinne, die bei der Veräußerung des der selbständigen Arbeit dienenden Vermögens oder bei Aufgabe der Tätigkeit erzielt werden. Die Einkommensteuer von Gewinnen im Sinn des Satzes 1 wird auf Antrag ermäßigt oder erlassen, wenn der Steuerpflichtige das veräußerte Vermögen innerhalb der letzten drei Jahre vor der Veräußerung erworben und infolge des Erwerbs Erbschaftsteuer entrichtet hat.

Zu Seite 400:

d) Nichtselbständige Arbeit (§ 2 Absatz 3 Ziffer 4)

§ 19

(1) Zu den Einkünften aus nichtselbständiger Arbeit gehören:

1. Gehälter, Löhne, Gratifikationen, Tantiemen und andere Bezüge und Vorteile, die für eine Beschäftigung im öffentlichen oder privaten Dienst gewährt werden;
2. Wartegelder, Ruhegelder, Witwen- und Waisengelder und andere Bezüge und Vorteile aus früheren Dienstleistungen.

Es ist gleichgültig, ob es sich um laufende oder um einmalige Bezüge handelt und ob ein Rechtsanspruch auf sie besteht.

(2) Zu den Einkünften aus nichtselbständiger Arbeit gehören nicht:

1. durchlaufende Gelder und Beträge, durch die Auslagen des Arbeitnehmers für den Arbeitgeber ersetzt werden;
2. die Beträge, die den in privatem Dienst angestellten Personen für Reisekosten und Fahrtauslagen gezahlt werden, soweit sie die tatsächlichen Aufwendungen nicht übersteigen.

Zu Seite 475:

§ 27

Haushaltsbesteuerung: Kinder

(1) Der Haushaltsvorstand und seine Kinder, für die ihm Kinderermäßigung nach § 32 Ziffer 2 gewährt wird, werden zusammen veranlagt, solange er und die Kinder unbeschränkt steuerpflichtig sind. Sind die Kinder Juden, so wird der Haushaltsvorstand mit ihnen zusammen veranlagt, wenn sie während der unbeschränkten Steuerpflicht des Haushaltsvorstands mindestens vier Monate im Kalenderjahr minderjährig gewesen sind und während dieser Zeit zu seinem Haushalt gehört haben.

(2) Bei der Zusammenveranlagung sind die Einkünfte des Haushaltsvorstands und der Kinder zusammenzurechnen.

(3) Einkünfte aus nichtselbständiger Arbeit (§ 2 Absatz 3 Ziffer 4), die Kinder aus einem dem Haushaltsvorstand fremden Betrieb beziehen, scheiden bei der Zusammenveranlagung aus.

Zu Seite 489:

§ 30

Besteuerung bei Auslandsbeziehungen

Der Oberfinanzpräsident kann bei Einkünften aus Land- und Forstwirtschaft, aus Gewerbebetrieb oder aus selbständiger Arbeit ohne Rücksicht auf das ausgewiesene Ergebnis die Einkommensteuer in einem Pauschbetrag festsetzen, wenn besondere unmittelbare oder mittelbare wirtschaftliche Beziehungen des Betriebs zu einer Person, die im Inland entweder nicht oder nur beschränkt steuerpflichtig ist, eine Gewinnminderung ermöglichen. Der Oberfinanzpräsident entscheidet nach seinem Ermessen.

Zu Seite 495/496:

IV. Tarif

§ 32

Einkommensteuertabelle

Die zu veranlagende Einkommensteuer bemißt sich nach der als Anlage 1 beigefügten Tabelle (Einkommensteuertabelle). Dabei gilt das folgende:

1. Als ledig sind Personen zu behandeln, die weder zu Beginn des Kalenderjahrs noch mindestens vier Monate im Kalenderjahr verheiratet waren. Ausgenommen sind:
   a) Personen, denen Kinderermäßigung zusteht;
   b) Männer, die mindestens vier Monate vor Ende des Kalenderjahrs das 65. Lebensjahr vollendet haben, und verwitwete oder geschiedene Männer, aus deren Ehe ein Kind, das nicht Jude ist, hervorgegangen ist, oder die mindestens vier Monate vor Ende des Kalenderjahrs das 50. Lebensjahr vollendet haben;
   c) Frauen, die mindestens vier Monate vor Ende des Kalenderjahrs ein Kind, das nicht Jude ist, geboren oder das 50. Lebensjahr vollendet haben;
   d) Vollwaisen, die das 25. Lebensjahr noch nicht vollendet haben und sich in der Ausbildung für einen Beruf befinden. Die Voraussetzungen müssen in dem Kalenderjahr gleichzeitig mindestens vier Monate bestanden haben.
2. Kinderermäßigung steht dem Steuerpflichtigen für Kinder zu, die während seiner Steuerpflicht mindestens vier Monate im Kalenderjahr minderjährig

gewesen sind und während dieser Zeit zu seinem Haushalt gehört haben. Die Kinderermäßigung wird auf Antrag für volljährige Kinder gewährt, die mindestens vier Monate im Kalenderjahr auf Kosten des Steuerpflichtigen für einen Beruf ausgebildet worden sind und während dieser Zeit das 25. Lebensjahr noch nicht vollendet haben. Als Kinder im Sinn dieser Vorschrift gelten neben den Abkömmlingen auch Stiefkinder, Adoptivkinder und Pflegekinder und deren Abkömmlinge. Die Steuerermäßigung für Adoptivkinder und Pflegekinder darf bei Steuerpflichtigen, die ohne diese Kinder als ledig zu behandeln wären, 720 Reichsmark für jedes Kind nicht übersteigen.

3. Für Kinder, die Juden sind, wird Kinderermäßigung nicht gewährt.

Zu Seite 509:

§ 33

Außergewöhnliche Belastungen

Bei der Veranlagung werden auf Antrag außergewöhnliche Belastungen, die dem Steuerpflichtigen zwangsläufig erwachsen und seine steuerliche Leistungsfähigkeit wesentlich beeinträchtigen, durch Ermäßigung der Einkommensteuer berücksichtigt.

Durchführungsbestimmungen

Zu § 33 des Gesetzes

§ 27 der 2. EStDVO

Außergewöhnliche Belastungen

(1) Außergewöhnliche Belastungen im Sinn des § 33 des Gesetzes liegen vor, wenn einem Steuerpflichtigen größere Aufwendungen als der überwiegenden Mehrzahl der Steuerpflichtigen gleicher Einkommen- und Vermögensverhältnisse und gleichen Familienstands entstehen und die Aufwendungen nicht zu den Betriebsausgaben, Werbungskosten oder Sonderausgaben gehören.

Beispiele:

1. Außergewöhnliche Ausgaben, die durch den Unterhalt von Kindern oder von bedürftigen sonstigen Angehörigen (§ 10 StAnpG) des Steuerpflichtigen oder seiner Ehefrau erwachsen, auch wenn die Kinder oder sonstigen Angehörigen nicht zum Haushalt des Steuerpflichtigen zählen;
2. Ausgaben, die durch Krankheit, Todesfall, Unglücksfall oder sonstige besondere Umstände erwachsen.

(2) Eine wesentliche Beeinträchtigung der steuerlichen Leistungsfähigkeit kommt erst in Betracht, wenn die außergewöhnliche Belastung in vom Hundert des Einkommens beträgt (Sonderbelastungsmindestgrenze):

bei Einkommen von RM	bei Steuerpflichtigen ohne Kinder v. H.	bei Steuerpflichtigen mit 1 oder 2 Kindern v. H.	bei Steuerpflichtigen mit 3 oder 4 Kindern v. H.	bei Steuerpflichtigen mit 5 oder mehr Kindern v. H.
höchstens 5 000 ...	10	8	6	4
mehr als 5 000 bis 10 000 ...	12	10	8	6
„ „ 10 000 „ 15 000 ...	15	12	10	8
„ „ 15 000 „ 25 000 ...	20	15	12	10
„ „ 25 000 „ 50 000 ...	25	18	14	12
über 50 000	33 1/3	24	18	15

Hierbei sind nicht nur die Kinder mitzuzählen, für die Kinderermäßigung gewährt wird (§ 32 Ziffer 2 EStG), sondern auch andere, insbesondere volljährige Kinder, wenn sie vom Steuerpflichtigen ganz oder hauptsächlich unterhalten werden.

(3) Wegen außergewöhnlicher Belastungen durch Kinder oder sonstige Angehörige (§ 10 StAnpG), die Juden sind, wird eine Steuerermäßigung nicht gewährt.

Zu Seite 522/523:

§ 34

Steuersätze bei außerordentlichen Einkünften

(1) Übersteigt das Einkommen 6000 Reichsmark und sind darin außerordentliche Einkünfte enthalten, so ist auf Antrag die Einkommensteuer für die außerordentlichen Einkünfte auf 10 bis 25 vom Hundert der außerordentlichen Einkünfte zu bemessen. Auf die anderen Einkünfte ist die Einkommensteuertabelle anzuwenden.

(2) Als außerordentliche Einkünfte im Sinn des Absatzes 1 kommen nur in Betracht:

1. Einkünfte, die die Entlohnung für eine Tätigkeit darstellen, die sich über mehrere Jahre erstreckt,
2. Veräußerungsgewinne im Sinn der §§ 14, 16, 17, § 18 Absatz 3,
3. Entschädigungen im Sinn von § 24 Ziffer 1,
4. Zinsen, die nach den §§ 14, 34 und 43 des Gesetzes über die Ablösung öffentlicher Anleihen vom 16. Juli 1925 (Reichsgesetzbl. I S. 137) in der Fassung des Gesetzes zur Änderung und Ergänzung von Vorschriften auf dem Gebiete des Finanzwesens vom 23. März 1934 (Reichsgesetzbl. I S. 232) bei der Einlösung von Auslosungsrechten bezogen werden.

(3) Die Steuersätze nach Absatz 1 sind auf Antrag auch auf Einkünfte aus außerordentlichen Waldnutzungen anzuwenden, wenn ein Bestandsvergleich für das stehende Holz nicht vorgenommen wird. Als außerordentliche Waldnutzungen gelten ohne Unterschied der Betriebsart alle aus wirtschaftlichen Gründen gebotenen Nutzungen, die über die nach forstwirtschaftlichen Grundsätzen nachhaltig zu erzielenden jährlichen regelmäßigen Nutzungen hinausgehen. Bei Waldnutzungen infolge höherer Gewalt (Eis-, Schnee-, Windbruch, Insektenfraß oder Brand) ermäßigt sich die nach Absatz 1 zu berechnende Einkommensteuer auf die Hälfte.

Zu Seite 538:

V. Entrichtung der Steuer

1. Vorauszahlungen

§ 35

Bemessung und Entrichtung der Vorauszahlungen

(1) Der Steuerpflichtige hat am 10. März, 10. Juni, 10. September und 10. Dezember Vorauszahlungen auf die Einkommensteuer zu entrichten. Jede Vorauszahlung beträgt ein Viertel der zuletzt veranlagten Einkommensteuer.

(2) Sind in dem der Veranlagung zugrunde gelegten Einkommen Einkünfte enthalten, von denen ein Steuerabzug (§§ 38 bis 45) vorgenommen worden ist, so bemessen sich die Vorauszahlungen nach dem Betrag, um den die festgesetzte Einkommensteuerschuld die Summe der nach § 47 Absatz 1 Ziffer 2 angerechneten Steuerabzüge übersteigt.

§ 36

Vorauszahlungen in besonderen Fällen

(1) Ist die Steuerpflicht erst im Laufe eines Kalenderjahrs begründet worden, so sind die Vorauszahlungen, die bis zum Empfang des ersten Steuerbescheids zu entrichten sind, nach dem Steuerbetrag zu bemessen, der sich bei der ersten Veranlagung nach § 25 nach Anrechnung der Steuerabzüge voraussichtlich ergeben wird.

(2) Ist der Zeitraum, für den ein Steuerbescheid erteilt wird, kürzer als ein Kalenderjahr (Absatz 1), so sind die künftigen Vorauszahlungen nach der Steuer festzusetzen, die sich ergibt, wenn das dem Steuerbescheid zugrunde liegende Einkommen in ein Jahreseinkommen umgerechnet wird.

Zu Seite 549/550:

§ 37
Erhöhung und Herabsetzung von Vorauszahlungen

(1) Die Vorauszahlungen können erhöht werden, wenn die um die Steuerabzüge verminderte Einkommensteuer voraussichtlich um mehr als ein Fünftel, mindestens aber um 300 Reichsmark höher sein wird als die zuletzt festgesetzte und um die angerechneten Steuerabzüge verminderte Einkommensteuer.

(2) Die Vorauszahlungen können herabgesetzt werden, wenn der Steuerpflichtige glaubhaft macht, daß die um die Steuerabzüge verminderte Einkommensteuer voraussichtlich um mehr als ein Fünftel, mindestens aber um 100 Reichsmark niedriger sein wird als die zuletzt festgesetzte und um die angerechneten Steuerabzüge verminderte Einkommensteuer.

Zu Seite 579/580:

§ 39
Bemessung der Lohnsteuer

(1) Die Lohnsteuer bemißt sich bei monatlicher Lohnzahlung nach der als Anlage 2 beigefügten Tabelle (Lohnsteuertabelle). Wird der Arbeitslohn für einen anderen als monatlichen Zeitraum gezahlt, so betragen die Lohnstufen und die Lohnsteuer Bruchteile der Beträge der Lohnsteuertabelle, und zwar

für nicht mehr als vier Arbeitstunden .... $^{1}/_{52}$,
für mehr als vier Arbeitstunden, aber nicht mehr als einen Arbeitstag .... $^{1}/_{26}$,
für volle Arbeitswochen .... $^{6}/_{26}$.

(2) Für die Anwendung der Lohnsteuertabelle gilt das folgende:

1. Als ledig sind Arbeitnehmer zu behandeln, die nicht verheiratet sind. Ausgenommen sind:
   a) Personen, denen Kinderermäßigung zusteht;
   b) Männer, die das 65. Lebensjahr vollendet haben, und verwitwete oder geschiedene Männer, aus

deren Ehe ein Kind, das nicht Jude ist, hervorgegangen ist oder die das 50. Lebensjahr vollendet haben;

c) Frauen, die ein Kind, das nicht Jude ist, geboren oder das 50. Lebensjahr vollendet haben;

d) Vollwaisen, die das 25. Lebensjahr noch nicht vollendet haben und sich in der Ausbildung für einen Beruf befinden.

2. Kinderermäßigung steht dem Arbeitnehmer für minderjährige Kinder zu, die zu seinem Haushalt gehören. Die Kinderermäßigung wird auf Antrag für volljährige Kinder gewährt, die auf Kosten des Arbeitnehmers für einen Beruf ausgebildet werden und das 25. Lebensjahr noch nicht vollendet haben. Als Kinder im Sinn dieser Vorschrift gelten neben den Abkömmlingen auch Stiefkinder, Adoptivkinder und Pflegekinder und deren Abkömmlinge.

3. Für Kinder, die Juden sind, wird Kinderermäßigung nicht gewährt.

(3) Für die Berücksichtigung des Familienstands (Absatz 2) bei Ausschreibung der Steuerkarte sind die Verhältnisse am Stichtag der Personenstandsaufnahme vor Beginn des Kalenderjahrs maßgebend. Diese sind auf der Steuerkarte (§ 42) einzutragen. Erhöht sich die Zahl der Familienangehörigen, so hat die Gemeindebehörde auf Antrag die Steuerkarte zu ergänzen. Die Ergänzung ist erst bei der Lohnzahlung zu berücksichtigen, bei der die ergänzte Steuerkarte vorgelegt wird.

(4) Der Reichsminister der Finanzen bestimmt die Höhe der Lohnsteuer,

1. wenn der Arbeitnehmer dem Arbeitgeber keine Steuerkarte (§ 42) vorlegt,
2. wenn der Arbeitnehmer in mehreren Dienstverhältnissen gleichzeitig steht,
3. wenn die Ehefrau, die nicht dauernd vom Ehemann getrennt lebt, in einem Dienstverhältnis steht,
4. wenn ein Zeitraum, für den der Arbeitslohn gezahlt wird, nicht festgestellt werden kann.

Zu Seite 596/597:

§ 40

Bemessung der Lohnsteuer bei sonstigen Bezügen

Erhält der Arbeitnehmer neben dem laufenden Arbeitslohn aus demselben Dienstverhältnis sonstige, insbesondere einmalige Bezüge (z. B. Tantiemen, Gratifikationen usw.), so beträgt die Lohnsteuer von den sonstigen Bezügen:

1. bei einem Arbeitnehmer, der als ledig zu behandeln ist (§ 39 Absatz 2 Ziffer 1) .... 16 vom Hundert;
2. bei anderen Arbeitnehmern,
   a) wenn ihnen keine Kinderermäßigung (§ 39 Absatz 2 Ziffern 2 und 3) zusteht .... 10 vom Hundert,
   b) wenn ihnen Kinderermäßigung (§ 39 Absatz 2 Ziffer 2) zusteht,
      für ein Kind .... 8 vom Hundert,
      für zwei Kinder .... 6 vom Hundert,
      für drei Kinder .... 3 vom Hundert,
      für mehr als drei Kinder. 1 vom Hundert.

Zu Seite 601:

§ 41

Berücksichtigung besonderer Verhältnisse

(1) Auf Antrag des Arbeitnehmers werden für die Berechnung der Lohnsteuer die folgenden Beträge vom Arbeitslohn abgezogen:

1. wenn die Werbungskosten (§ 9), die bei den Einkünften aus nichtselbständiger Arbeit erwachsen, und die Sonderausgaben im Sinn des § 10 Absatz 1 Ziffern 2 bis 5 und Absatz 2 zusammen 39 Reichsmark monatlich übersteigen, der 39 Reichsmark übersteigende Betrag;
2. die Sonderausgaben im Sinn des § 10 Absatz 1 Ziffer 1;
3. wenn außergewöhnliche Belastungen dem Arbeitnehmer zwangsläufig erwachsen und seine steuerliche

Leistungsfähigkeit wesentlich beeinträchtigen (§ 33), ein vom Finanzamt nach seinem Ermessen zu bestimmenden Betrag.

(2) Das Finanzamt hat die nach Absatz 1 vom Arbeitslohn abzuziehenden Beträge auf der Steuerkarte (§ 42) einzutragen. Der Abzug ist erst bei der Lohnzahlung vorzunehmen, bei der dem Arbeitgeber die Steuerkarte mit dieser Eintragung vorgelegt wird.

(3) Der Arbeitnehmer hat die Berichtigung seiner Steuerkarte (§ 42) zu beantragen, wenn er eine Hausgehilfin, für die er einen Abzug nach Absatz 1 Ziffer 2 erhält, entläßt und innerhalb eines Monats keine andere einstellt. Der Arbeitnehmer haftet für die Lohnsteuer, die deswegen nicht erhoben worden ist, weil die Steuerkarte nicht berichtigt worden ist.

Zu Seite 621:

§ 42

Steuerkarte

Der Arbeitnehmer muß sich für die Lohnsteuerberechnung vor Beginn des Kalenderjahrs oder des Dienstverhältnisses von der Gemeindebehörde eine Steuerkarte ausschreiben lassen und muß diese dem Arbeitgeber vorlegen. Der Arbeitgeber hat die Steuerkarte während der Dauer des Dienstverhältnisses aufzubewahren und sie dem Arbeitnehmer am Ende des Kalenderjahrs oder bei Beendigung des Dienstverhältnisses zurückzugeben. Der Reichsminister der Finanzen kann ein anderes Verfahren vorschreiben.

Zu Seite 632:

3. Steuerabzug vom Kapitalertrag (Kapitalertragsteuer)

§ 43

Steuerabzugspflichtige Kapitalerträge

(1) Bei den folgenden inländischen Kapitalerträgen wird die Einkommensteuer durch Abzug vom Kapitalertrag (Kapitalertragsteuer) erhoben:

1. Gewinnanteilen (Dividenden, Zinsen, Ausbeuten und sonstigen Bezügen aus Aktien, Kuxen, Genußscheinen, Anteilen an Gesellschaften mit beschränkter Haftung, an Erwerbs- und Wirtschaftsgenossenschaften und Kolonialgesellschaften, aus Anteilen an der Reichsbank und an bergbautreibenden Vereinigungen, die die Rechte einer juristischen Person haben. Ausgenommen sind die Dividenden aus Vorzugsaktien der Deutschen Reichsbahn;
2. Einkünften aus der Beteiligung an einem Handelsgewerbe als stiller Gesellschafter.

(2) Steuerabzugspflichtige Kapitalerträge sind auch besondere Entgelte oder Vorteile, die neben den im Absatz 1 bezeichneten Kapitalerträgen oder an deren Stelle gewährt werden.

(3) Kapitalerträge sind als inländische anzusehen, wenn der Schuldner Wohnsitz, Geschäftsleitung oder Sitz im Inland hat.

Zu Seite 683/684:

VI. Besteuerung nach dem Verbrauch

§ 48

(1) Der Steuerpflichtige kann nach dem Verbrauch besteuert werden, wenn der Verbrauch im Kalenderjahr 10000 Reichsmark überstiegen hat und um mindestens die Hälfte höher ist als das Einkommen. Der Betrag von 10000 Reichsmark erhöht sich um je 2000 Reichsmark für jedes Kind, für das dem Steuerpflichtigen eine Kinderermäßigung nach § 32 Ziffer 2 gewährt wird.

(2) Zum Verbrauch gehören alle Aufwendungen des Steuerpflichtigen für seinen Haushalt und für seine Lebensführung und die Lebensführung seiner Angehörigen.

(3) Zum Verbrauch gehören nicht:
1. die Sonderausgaben (§ 10 Absatz 1);
2. die Steuern vom Einkommen und sonstige Personensteuern;

3. Ausgaben für Aussteuern oder Ausstattungen, soweit sie das den Verhältnissen des Steuerpflichtigen entsprechende Maß nicht überstiegen haben;
4. Ausgaben für politische, wissenschaftliche, künstlerische, mildtätige oder gemeinnützige Zwecke;
5. Ausgaben, die durch Krankheiten, Todesfälle oder Unglücksfälle oder durch körperliche oder geistige Gebrechen verursacht sind;
6. Aufwendungen, die durch Geburt eines Kindes entstanden sind;
7. außerordentliche Aufwendungen, die durch den Unterhalt oder die Erziehung eines Kindes oder den Unterhalt eines bedürftigen Angehörigen entstanden sind;
8. Aufwendungen aus sozialen Beweggründen für Arbeitnehmer oder frühere Arbeitnehmer oder für ihre Angehörigen;
9. der Teil des Verbrauchs, den der Steuerpflichtige bestritten hat
   a) aus Einkommen, das er in den letzten drei Jahren versteuert, aber nicht verbraucht hat,
   b) aus Bezügen, die nach § 3 steuerfrei sind, oder aus Bezügen, die dem Steuerpflichtigen nach § 22 Ziffer 1 Buchstabe c Satz 2 nicht zuzurechnen sind.

(4) Die Einkommensteuer nach dem Verbrauch beträgt nur die Hälfte der Steuer, die sich aus der Einkommensteuertabelle ergibt. Wenn der sich danach ergebende Steuerbetrag geringer ist als der Steuerbetrag, der sich bei Zugrundelegung des Einkommens ergeben würde, so ist der Besteuerung nicht der Verbrauch, sondern das Einkommen zugrunde zu legen.

Zu Seite 687/688:

VII. Besteuerung beschränkt Steuerpflichtiger

§ 49

Beschränkt steuerpflichtige Einkünfte

Inländische Einkünfte im Sinn der beschränkten Einkommensteuerpflicht (§ 1 Absatz 2) sind:

1. Einkünfte aus einer im Inland betriebenen Land- und Forstwirtschaft (§§ 13, 14);
2. Einkünfte aus Gewerbebetrieb (§§ 15, 16), für den im Inland eine Betriebstätte unterhalten wird oder ein ständiger Vertreter bestellt ist, und Einkünfte aus der Veräußerung eines Anteils an einer inländischen Kapitalgesellschaft (§ 17);
3. Einkünfte aus selbständiger Arbeit (§ 18), die im Inland ausgeübt oder verwertet wird oder worden ist;
4. Einkünfte aus nichtselbständiger Arbeit (§ 19), die im Inland ausgeübt oder verwertet wird oder worden ist, und Einkünfte, die aus inländischen öffentlichen Kassen einschließlich der Kassen der Deutschen Reichsbahn und der Reichsbank mit Rücksicht auf ein gegenwärtiges oder früheres Dienstverhältnis gewährt werden;
5. Einkünfte aus Kapitalvermögen im Sinn des § 20 Absatz 1 Ziffern 1 und 2, wenn der Schuldner Wohnsitz, Geschäftsleitung oder Sitz im Inland hat, und Einkünfte im Sinn des § 20 Absatz 1 Ziffern 3 und 4, wenn das Kapitalvermögen durch inländischen Grundbesitz, durch inländische Rechte, die den Vorschriften des bürgerlichen Rechts über Grundstücke unterliegen, oder durch Schiffe, die in ein inländisches Schiffsregister eingetragen sind, unmittelbar oder mittelbar gesichert ist. Ausgenommen sind die Dividenden aus Vorzugsaktien der Deutschen Reichsbahn und Zinsen aus Anleihen und Forderungen, die in ein öffentliches Schuldbuch eingetragen sind oder über die Teilschuldverschreibungen ausgegeben sind. Die Einkünfte aus Teilschuldverschreibungen unterliegen

aber der beschränkten Steuerpflicht, wenn bei ihnen neben der festen Verzinsung ein Recht auf Umtausch in Gesellschaftsanteile (Wandelanleihen) oder eine Zusatzverzinsung eingeräumt ist, die sich nach der Höhe der Gewinnausschüttungen des Schuldners richtet (Gewinnobligationen), und wenn der Schuldner Wohnsitz, Geschäftsleitung oder Sitz im Inland hat;

6. Einkünfte aus Vermietung und Verpachtung (§ 21), wenn das unbewegliche Vermögen, die Sachinbegriffe oder Rechte im Inland belegen oder in ein inländisches öffentliches Buch oder Register eingetragen sind oder in einer inländischen Betriebstätte verwertet werden;
7. sonstige Einkünfte im Sinn des § 22 Ziffer 1, soweit sie dem Steuerabzug unterworfen werden (§ 45);
8. sonstige Einkünfte, im Sinn des § 22 Ziffer 2, soweit es sich um Spekulationsgeschäfte mit inländischen Grundstücken oder mit inländischen Rechten handelt, die den Vorschriften des bürgerlichen Rechts über Grundstücke unterliegen.

Zu Seite 689:

§ 50

Sondervorschriften für beschränkt Steuerpflichtige

(1) Beschränkt Steuerpflichtige dürfen Werbungskosten (§ 9) nur insoweit abziehen, als sie mit inländischen Einkünften in wirtschaftlichem Zusammenhang stehen. Die Vorschriften des § 10 (Sonderausgaben), des § 33 (Außergewöhnliche Belastungen) und des § 34 (Steuersätze bei außerordentlichen Einkünften) sind nicht anwendbar.

(2) Bei Einkünften, die dem Steuerabzug unterliegen, und bei Einkünften im Sinn des § 20 Absatz 1 Ziffern 3 und 4 ist für beschränkt Steuerpflichtige ein Ausgleich (§ 2 Absatz 2) mit Verlusten aus anderen Einkunftsarten nicht zulässig.

(3) Die Einkommensteuer bemißt sich bei beschränkt Steuerpflichtigen, die veranlagt werden, nach Spalte 4

der Einkommensteuertabelle (Anlage 1). Sie beträgt aber mindestens 10 vom Hundert der Einkünfte.

(4) Die Einkommensteuer für Einkünfte, die dem Steuerabzug vom Arbeitslohn oder vom Kapitalertrag unterliegen, gilt bei beschränkt Steuerpflichtigen durch den Steuerabzug als abgegolten, wenn die Einkünfte nicht Betriebseinnahmen eines inländischen Betriebs sind. Die Höhe der Lohnsteuer bestimmt der Reichsminister der Finanzen.

(5) Das Finanzamt kann die Einkommensteuer bei beschränkt Steuerpflichtigen ganz oder zum Teil erlassen oder in einem Pauschbetrag festsetzen, wenn es aus volkswirtschaftlichen Gründen zweckmäßig ist oder eine gesonderte Berechnung der Einkünfte besonders schwierig ist.

(6) Das Finanzamt kann die Einkommensteuer von beschränkt steuerpflichtigen Einkünften, soweit diese nicht bereits nach §§ 38 bis 45 dem Steuerabzug unterliegen, im Weg des Steuerabzugs erheben, wenn dies zur Sicherstellung des Steueranspruchs zweckmäßig ist. Das Finanzamt bestimmt hierbei die Höhe des Steuerabzugs.

Zu Seite 701/702:

VIII. Schlußvorschrift

§ 51

(1) Dieses Gesetz tritt am 1. Januar 1938 in Kraft. Es ist erstmalig bei der Veranlagung für das Kalenderjahr 1937 anzuwenden mit der Ausnahme, daß § 10 Absatz 1 Ziffer 6 erstmalig bei der Veranlagung für das Kalenderjahr 1938 gilt. Beim Steuerabzug vom laufenden Arbeitslohn sind die Vorschriften dieses Gesetzes erstmalig auf den Arbeitslohn anzuwenden, der für einen Lohnzahlungszeitraum gezahlt wird, der nach dem 31. Dezember 1937 endet.

(2) Die Bewertungsfreiheit für kurzlebige Wirtschaftsgüter des Anlagevermögens (§ 6 Ziffer 1 Satz 4) gilt nur für Wirtschaftsgüter, die vor dem 1. Oktober 1937 bestellt worden sind.

Kolibri 360 GmbH
Ferdinand-Jühlke-Straße 7
99095 Erfurt, Deutschland
produktsicherheit@kolibri360.de